아물 듯 지워질 때까지

아물 듯 지워질 때까지

—

초판1쇄 2019년 4월 30일
지은이 김병선
펴낸이 김영재
펴낸곳 책만드는집

—

주소 서울 마포구 양화로3길 99, 4층(04022)
전화 3142-1585·6
팩스 336-8908
전자우편 chaekjip@naver.com
출판등록 1994년 1월 13일 제10-927호

—

ISBN 978-89-7944-686-9 (04810)
ISBN 978-89-7944-354-7 (세트)

책만드는집 시인선 120

아물 듯 지워질 때까지

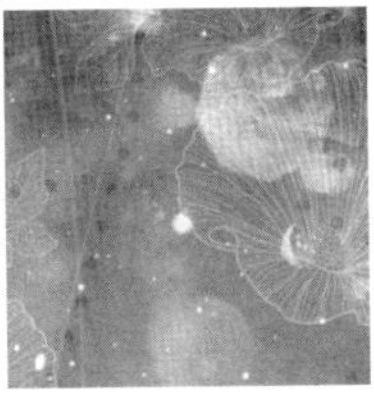

김병선 시집

책만드는집

| 시인의 말 |

"언어는 존재의 집이다."(하이데거)

너무 눈에 익어 혹은 그저 무심히 지나쳐버리는 한적한 집을 약간의 수선이나 칠을 하는 일, 혹은 자신만의 개성 있는 장식을 붙여 눈에 띄게 하는 일, 그리하여 지나가는 이들을 한 번쯤 돌아보게 하고 무심했던 '존재'에 관심을 갖게 하는 일, 시를 쓴다는 건 그런 일쯤 되지 않을까.

내 어설프고 투박한 손길 닿은 '존재의 집'에도 먼 길에 지친 이들 발길 멈추고 작은 의자에 잠시 쉬어 갈 수 있길. 존재하는 모든 것의 고귀와, 아름다움과, 고독에 대해 이야기하면서.

–2019년 봄

김병선

| 차례 |

1부 남도에서 잃어버리다

2부 나는 내가 싫다

3부 빈 들판은 또 야윈 바람 몰고 오고

1부

남도에서 잃어버리다

비둘기

비둘기가 처마 끝에 내려 사방을 살핀다.
조금 있다 다른 한 마리가 처마 끝에 내린다.
처음 비둘기가 물받이에 고인 물을 먹는다.
다른 한 마리가 곁에 다가와 물을 먹는다.
처음 비둘기가 날아올라 건넛집 수신기에 앉는다.
다른 한 마리가 날아올라 곁에 앉는다.
노인들처럼 말이 없다.

한복 고운 늙은 신랑이 신호등 옆 돌벤치에 앉는다.
자릴 가리키는 손등이 마른 땅껍질 같다.
한복 고운 늙은 신부가 뒤따라와 돌벤치에 몸을 얹는다.
봇짐 같은 몸뚱이를 구부러진 지팡이로 괸다.
신호를 한 번 흘려보낸 늙은 신랑이 몸을 일으킨다.
조금 있다 늙은 신부가 몸을 따라 일으킨다.
비둘기들처럼 말이 없다.

이별

-가면 언제 와아?
-뭐라구우?

서울의 가장 변두리
오래된 서민 주공아파트 앞
큰 느티나무 아래 작은 정자에서
팔순이 넘은 자그마한 두 할머니가
헤어진다.

남아 있는 할머니가
떠나가는 할머니 뒤에다
소리 지른다.

-가면 언제 오냐구우?
-가봐야 알지이.
 못 올 수도 있구우.
-꼭 와아.

–전라도 화순이라 그랬지이?
–으응.

남아 있는 할머니가 아무 일도 아닌 듯
다시 말한다.

–꼭 다시 와아.

떠나가는 할머니는 대답 대신
무심한 눈길 한 번 주고는
똑같은 걸음걸이로 걸어간다.

비바람 속의 수채화 1

비바람 속에 자전거를 탄 노인이 들길을 가고 있다, 한 손으로 빨간 우산을 받쳤다, 어디서 오는 길일까.

비바람은 자꾸만 빨간 우산을 뒤로 밀어내고 빨간 우산은 자꾸만 노인을 뒤로 밀어낸다.

자전거는 노인을 등에 업은 채 앞바퀴로 이리저리 길을 찾고 노인은 걷어 올린 젖은 바지 속에서 막대기 같은 두 다리를 내려 열심히 허공을 젓고 바람에 뼛살 일그러진 빨간 우산은 노인의 품에 죽어라 매달리어 셋이서 기괴한 모습으로 한 덩어리로 물에 빠져 허우적거리고 있다.

비바람을 피하려면 빨간 우산이 눈을 가려 길을 찾을 수 없고 길을 찾으려면 비바람이 얼굴을 쳐대는 바람에 노인은 힘겹다, 어디로 가는 길일까.

비바람 속의 수채화 2

마루 끝에 울고 있는
아이 곁에 큰 아이가 있다.
빗속을 뚫고 바쁘게 지나가는 흰 나비를 보면서
날개가 방수되지 않아 참 아프겠다 생각하면서.

초록 나무와 초록 풀과 빨간 지붕은 언제 방수를 했을까 생각하면서
산 너머에 도화지처럼 새하얗게 내려앉는 번개를 보면서
아이는 아이를 자기가 울렸다고 생각한다.

흰 나비가 가지에 매달려 죽을 숨을 토하며
새로운 비행을 꿈꿀 때
아이는 물속에서 솟아오르는 물고기 떼를 꿈꾸면서
아름다운 고래들이 천등天燈처럼 화려하게 하늘로 쏘아 올리는 물거품처럼
아름다운 물거품에 둘러싸인 발레리나가 황홀한 회전 동작으로 수면에 도달해 사라지는 물거품처럼

세차게 마당에 곤두박질로 부서져 사라지는 무수한 표면장력들을 보면서

보드라운 고래의 중력에 이끌려 보드라운 고래의 혓바닥 위에
꽃잎처럼 착륙하는 흰 나비 떼를 생각하면서.

처마 끝에 발처럼 드리운 낙숫물 하나가 깨진 사기그릇에 심장 두드리는 소리보다 다듬이 소리보다 더 정확하게 징 소리를 울리면 징 소리에 맞추어 그 옆의 소리들 빠른 박자 느린 박자 엇박자로 행진하던
학예회가 끝나버린 것에 절망하면서
합주 소리가 물골을 찾아 흘러가는 것을 보면서
합주 소리도 초록 빛깔도 죽은 시간들의 무대인 걸 알 리 없는 아이는

자기가 아이를 울렸다고 생각하고 있다.

아이가 한때 울음이었을 때
방수도 안 된 엄마가 내 등 뒤 빨간 우산이 되어 넘어오던
산 너머 예쁜 번개들이 도화지처럼 꽂혀 있는 곳에선
이따금 공포의 굉음이 들려오고
흩어지는 물고기 떼처럼 물고기의 반짝이는 비늘처럼
모눈종이처럼
소름이 잘게 찢어졌다간 아물고
역사가 죽음들의 기록이란 걸 알 리 없는 아이는

아이가 영원히 울음을 그치지 않을까 봐 두렵다.

마루 끝에 앉아 울고 있는 아이 곁에
돌아올 수 없다는 걸 알고 있는 아이가

엄마를 기다리고 있다.

남도에서 잃어버리다 1

노고단 거대하고 부드러운 봉우리들을 담고, 화엄사 돌담 틈 숨어 있는 시간들을 찾아내 찍고,

낙안읍성, 순천만 구석구석 숨소리와, 제 아름다움 이기지 못해 누워 있는 오동도 동백꽃 주검들과,

영원과 찰나에 걸쳐 있는 향일암 서린 기운과 원효대사가 좌선했다는 너럭바위까지 담고 있을 때 아내가 나무란다, 그 많은 사진들 다 뭐 할려고 그래?

여행에서 돌아온 나는 사진을 찍은 이유들을 생각해보다가, 욕심 아닌 의미들을 수없이 찾아보다가,

아름다움이란 무얼까 아름다움의 아름다움을 고민하고, 의미란 어떤 의미일까 의미의 의미를 고민하다가 갑자기 봉우리가 내가 찍어놓은 것이 아닌 것을 발견했다.

애써 담은 화엄사 하늘 처마도 돌담 틈 노란 꽃도, 순천만, 오동도 생명들과, 원효대사의 너럭바위도 내가 찍어놓은 것들이 사라지고 없었다.

카메라를 사방으로 돌려 초점을 맞추고 담으려 한 게

무엇이었던가 생각하다가,

내 눈 속 피사체인 카메라 렌즈 속 피사체를 생각하다가,

피사체를 찾아 카메라를 돌리던 이는 내 진짜 누구이던가 생각하다가,

끝내, 나의 나마저 잃어버리고 말았다.

남도에서 잃어버리다 2

아내와 남도 여행을 다녀온 후, 시골에서 한 달 살아보기 여행을 계획하게 되었다. 석 달, 아니 여섯 달이면 얼마나 좋을까 얘기하다가 문득 지금 나는 아내와 몇 년짜리 살아보기 집에서 살고 있는지 생각하게 되었다.

왜 여행을 떠나려 했는지, 여행에서 무엇을 보고 싶었는지, 생각해보다가 문득 지금 내 여행은 무슨 여행인지 생각하게 되었다. 죽음의 의미를 아는 날부터는 죽어가는 것이란다. 죽어가는 과정 속에 기쁨이 있고 슬픔이 있고 삶이 있단다.

여행의 목적이 죽음이라 하기엔 너무 덧없고, 여행이 목적 없는 떠남이라 하기에도 너무 덧없다.

나는 지금 어느 나라의 남도를 여행하고 있는 걸까.

나무

어제는 나무가 불러서 나갔다.

우리는 오랫동안 만나지 못해서 할 말이 없었다.

나무는 전날 딸이 다녀갔다.

이따금씩 마른 가지로 마른 잎을 쓸어 넘겼다.

나무는 나에게 물어보지 않았고 나는 나무에게 물어보지 않았다.

말이 없어서 외로웠다.

나는 나무가 마른 껍질을 떼고 있는 걸 보았다.

나무가 아니라서 외로웠다.

어느 하루

(설거지)

아침 일찍 설거지를 했다. 그릇이 두 개밖에 없었지만 녀석들을 씻기는 일은 즐겁다. 녀석들을 세수시키고 코를 훔쳐주었다. 새하얀 엉덩이를 문지르자 간지럼이 사방으로 튀어 올랐다. 친구를 만나러 나간다.

(친구)

친구가 요즘 할 일이 많아졌기에 나도 할 일이 많아졌다.

친구는 집안 어른이어서 해야 할 일이 많았고 집안일은 어른이 해야 했다.

나도 모임 일로 할 일이 많았고 일 같지도 않은 일들이 진짜 일이었다.

친구는 할 말이 할 일보다 많아졌고 나는 내일부터 몸보다 갈 곳이 많아졌다.

찻잔 속의 눈동자가 우리를 똑바로 쳐다보았고 낯선 음악이 우리 사이를 낯설게 했다.

친구가 먼저 시작한 일이다.

어떤 부부

남자는 사십 년이 흐른 뒤에야 비로소 알았다. 아내는 과묵으로 화장하고 검소를 귀고리 삼는 남다른 여자, 철 바뀌면 새 마음으로 헌 옷을 가릴 줄 아는 지혜로운 여자, 시멘트 숲 같은 건 생명 풀어놓을 곳 못 된다고 여기는 가난한 선비만을 올곧이 여기는 그런 여자인 줄만 알았다.

세월이 흘러도 아내는 변치 않았고 늙어버린 남자는 어두운 내장 속 들여다보다가 오랫동안 장기로 살아남아 도려낼 수 없는 싱싱한 종양 몇 개를 발견했다. 남자가 말했다. 남은 거라곤 이놈 죽지 않는 종양 데리고 저세상 먼저 가서 가부장 없는 이승 머릿짐 내려놓고 당신 마음으로 살아 한 줌 남은 자유 행복이라도 누려보는 길밖에는, 그랬으면 좋겠다고.

여자가 대답했다. 자기가 먼저 죽었음 좋겠다고 죽어 마지막으로 당신이 내 몸을 정성스레 닦아주고 새 옷 입혀주고 고이 받들어 묻어주는 당신에게 그런 호강 꼭 한 번만 누려보고 싶다고. 작고 미안한 목소리로.

홀로 살아가기

어제는 산에 올랐다가 먼저 올라온 전복 껍데기를 우연히 만났다.

전복 껍데기가 어떻게 산으로 왔을까. 어떤 이가 대답했다, 전복 껍데기가 산으로 왔기 때문이지.

버려진 물건이 혼자를 즐기고 있을지도 모른다고 왜 한 번도 생각해본 적이 없었을까.

바닷가 한적한 곳에 뿌리 뽑힌 나무를 본 적이 있다.

산이 자기를 버리기 전에 폭풍우 타고 벼랑을 굴러 쉴 곳 찾아다니다가,

바위 가림 막힌 모래사장에 몸 누이고, 젖은 뿌리 말리고 있었다는 걸 왜 생각해본 적이 없었을까.

백담사 마당의 찻집

Ⅰ

백담사 마당 찻집 안
통나무 구유 속 빈 찻잔들의 아름다움을 읽고,
유리판 아래 단풍잎을 모아둔 마음도 알아냈다.
기둥 옆에 놓인 다기茶器들과 서적에서 소소한 철학까지 발견해내고,
의미 있는 글귀 아래 무심한 듯 배치한 낡은 밀짚모자의
가장 깊은 의미를 고민하고 있을 때

찻집 봉당을 수십 바퀴째 돌던 스님이 들어오더니
밀짚모자를 쓰고 사라졌다.

Ⅱ

백담사 마당 찻집 안에서
마당에 서 있는 야광나무를 바라본다.
마당에 서 있는 야광나무가

찻집 안에 앉아 있는 나를 바라본다.

계곡에서 바람이 내려와 나무를 흔든다.

찻집 안에 앉아 있는 내 가지가 흔들린다.

나무에게 묻는다.

나무는 서 있는 방법이라고 대답한다, 비도 자기 것이고 눈도 자기의 눈이라고.

나는 나무를 닮는 방법이라고 대답한다.

석굴암

사월
석굴암
마당 가득 채운
빛 붉은 연등

연등마다
하나씩
아린 그림자.

시간 공간 어름은
부처님 자리.

낭랑한 염불 소리
토함산
흘러내려

골짜기마다

틈바귀마다
채워가고 있다.

생명

젊으신 나이 갑작스럽게
어머니가 혹은 아버지가 돌아가셔서
너무 큰 슬픔에
몇 끼니를 걸러본 적 있는가.
영안실 지척에 싸늘히 누워 계신 주검을 두고
게다가 하필 고깃국에
슬픔에 메스꺼움이 더해져 몇 끼니를
굶어본 적 있는가. 주검과 슬픔의 혼돈 속에
아무렇지도 않게 웃고 떠들며 먹고 있는
문상객을 혐오해본 적 있는가.
그리고 내가 왜 이럴까
이러고 싶지 않은데, 죄스럽고
자신을 부끄러워하면서
고작 세 끼쯤 굶은 후 허겁지겁
고깃국을 먹고 있는 자신을 본 적 있는가.

끈

아버지가 돌아가신다.
눈 한 번 뜨시고 누굴 찾으시다가,
또 한 번 뜨시고 찾으시다가
끈을 놓고
눈을 감으신다.

⋮

딸애가 조금 전 낳은 딸이
주먹을 꼭 쥐고,
눈을 조금 떠보다가
파르르 다시 떠보다가
눈이 부셔 도로 눈을 감는다.

벙어리

하고 싶던 걸 그만두고 나니 하고 싶던 말 함께 사라졌다.

가보고 싶던 곳 버리고 나니 가보고 싶던 말 사라지고 먹고 싶던 음식 버리고 나니 먹고 싶던 말 사라졌다.

모아왔던 지식 하나씩 내려놓을 때마다 모아왔던 말 하나씩 사라졌다.

그렇게나 간절하던 애착,
에서 오던 기쁨, 슬픔, 노여움

같은 거추장스런 삶 하나씩 떼낼 때마다 거추장스런 말도 하나씩 떨어져 나가

벙어리가 되어간다.

반려伴侶

인생을 여행이라고들 하더니,

어디까지 가세요?
저도 거기까지 갑니다.
우리는 같이 걸었고, 걷다가 같이 쉬었다.

다른 길손 만나면 우리는 연인이 되었고 부부가 되었다.

보고 싶은 것 다를 땐 길 나누어 갔고,
다시 만날 땐 더 반가웠다.

그러나
벌써 목적지는 가까워지는데,
헤어지는 방법
아직 생각해내지 못했으니…….

참, 그랬다

오래전 내가 받았던
암 수술을 아내가 받았다.
어디 가 얘기하기도 그랬고
감추기도 그랬다.
참,
그랬다.

커플링도 하잖아.
우린 커플 암 수술을 했어.
이렇게 말해버렸다.
그는 같이 웃어주기도 그랬고
울어주기도 그랬다.

참, 그랬다.
말 덧붙이기도 그랬고
도로 빼기도 그랬다.

우리는
눈 마주 보기도 그랬고,
눈 피하기도 그랬다.
참,
그랬다.

냄새

잠자리에 들려는데, 이불에서 생소한 냄새가 훅, 풍겨왔다. 무슨 냄새지? 낯설음에, 불쾌감이 풀썩, 올라온다. 어디선가 맡아본 듯한, 내가 싫어하는 냄새다.

오래전 맡아본 적이 있는 것도 같은, 익숙한 것 같으면서도 생소하기만 한, 어째? 내 냄새다. 내 몸 냄새다.

내 냄새가 이렇던가? 왜 하필 이런 냄새지? 언젠가부터 비슷한 냄새가 스쳐 가곤 했지만, 오늘에야 비로소 분명해졌다.

원래부터 이랬을 내 냄새를 젊을 땐 왜 내가, 몰랐을까?

그날 이후 내 냄새를 알고 살았다. 사람은 모두 냄새가 다르다는데, 이게 바로 내 냄새였음을.

세상 올 때부터 가지고 있었던, 아무리 박박 지워버려도 내 깊은 곳에서 스멀스멀 기어 나오는, 내가 이 냄새들로 이루어졌음을.

그러나 아무리 친해질래도 친해지지 않는, 멀리할래도 멀리할 수도 없는,

맡을 때마다 생경한, 조금만 방심하면 새어 나오는, 남이 맡을까 봐 매일매일 씻어내 버리는, 내 생각을 있게 한,

나를 깨닫게 해주는, 내 본질을 각성케 해주는.

금강굴 가는 길

이번엔 금강굴을 가보기로 했다네. 행선지를 바꾸니 생각이 달라지더군.
보이지 않던 곳 보이고 들리지 않던 소리 들리고.

찻집에서 쉬고 있는 두 할머니의 작은 말소리 들리고 젊은이들과 대화하는 노승의 아주 작은 미소까지 보였다네. 행선지 하나 바꾸었을 뿐인데.

숲길 지나다 나무들이 풍기는 땀 냄새를 맡았네. 길섶 소나무에선 생피 냄새도 나더군.
천 길 절벽 떨어져 깨지고 혼미하다 천 년을 아무는 바위들이 계곡에 발 담그고 있었네.

가파른 돌계단 두려울 땐 눈앞 나무만 보고 발 디딜 자리만 보고 걸었네.
우러러보던 봉우리들이 가까워질수록 경외심 사라지더군.

드디어 올라선 굴속은 어떨 것 같은가.
밖은 밝고 안은 어두울 뿐이라네.

내려오는 길에서 나무뿌리를 받친 바윗돌과 바윗돌을 받친 나무뿌리들을 보았네. 뿌리가 감싼 돌들이 그 뿌리 받치고 있었지.

할머니들도 노승도 젊은이들도 떠나고 없었네.
건네보려던 말 몇 마디
구름처럼 종일 머리 위에 맴돌았네.

내 안의 나

남을 보고 있으면
그 속에
내가 다 들어 있다.

수치스러움에 나는
내가 머물렀던 남까지 데리고
돌아온다.

나는 오늘도
내 안의 서먹서먹한
나와 마주한다.

산다는 것

산길이 산마루 다다라 길 끊어져
어쩔 줄 몰라 하다가

멧부리 넘은 바람 낯선 풍경에 회오리 되어 어쩔 줄 몰라 하듯이
내가 그린 자화상이 내 눈빛 볼 때마다 어쩔 줄 몰라 하듯이
웃고 있던 영정사진 식어버린 자기 가슴 알고는 어쩔 줄 몰라 하듯이
어쩔 줄 몰라 하다가

바위 너머께 이어진 벼랑길 겨우 찾아내고는
어쩔 줄 몰라 하기.

풍경

초겨울 저녁 고속도로에서 늙은 젖소 두 마리를 실은 작은 트럭과 여객을 가득 실은 직행버스가 나란히 달린다 칼날처럼 달려드는 가는 눈발에 거친 털 곧추 일렁이는 젖소 두 마리는 살아 처음 타보는 어지러움에 고개를 어깨 밑까지 떨구고 쓰러지지 않으려 네다리로 버티어 있고 여행객들은 먼 산과 누런 구름에서 눈을 돌려 무심히 트럭을 나려다본다 앞서거니 뒤서거니를 느린 장면처럼 몇 번을 한 뒤에 국도와 갈림길에서 늙은 젖소를 실은 트럭은 한적한 저녁연기 피어오르는 마을 통로로 빠지고 거친 털옷을 입은 직행버스의 사람들은 소처럼 껌뻑이는 눈을 다시 하늘과 먼 산으로 돌려 해 뉘엿뉘엿 넘어가는 붉은 시간 속으로 달려간다

2부

나는 내가 싫다

심오한 질문

찻잔을 닦고 차를 우리고 차를 음미하는 과정 자체가 의미이자 명상인 사람처럼,
걷고 일하고 빨래하고 밥 짓는 이십사 시간 살아가는 자체가 수행인 스님처럼,

일하고 걱정하고 잠자고 일하는 모든 행위가 다른 목표를 위한 수단일 뿐이라는 다른 목표를 위한 과정일 뿐이라는 생각을 떨치고,
걱정하고 일하고 잠자고 일하는 모든 행위가 의미 자체이고 수양이고 일하고 잠자고 걱정하고 일하는 모든 행위가 삶 자체라 생각하며 살아가면 그 후에 오는 작은 삶은 덤이라 생각하고 살아가면,

초조하거나 힘겨움이 줄어들까요, 잠시 후 내가 죽음을 맞는대도 내 삶이 조금은 더 의미 있는 삶이었다고 여겨질까요,
무얼 위해 일하고 무얼 위해 먹고 무얼 위해 사는 삶보다는 좀 덜 고달플까요.

금붕어가 갇혀 있는 카페

– 고구마카페에서

나는 커다란 유리벽이 있는 바닷속에 앉아 있다.

유리 너머엔 무성영화처럼 비바람에 일렁이는 거친 풀밭이 있고, 찢어진 천막처럼 날려 가는 갈매기가 있다.

파도가 사탕처럼 부서져 내리고 나는 내 몸을 오려
퍼즐 조각을 만들어, 무료한 시간을 가지고 논다.

자유로움의 자유.

어항 속에 파도의 푸른 물감과 감미로운 음악을 채워 넣고
그 속에 내가 앉아 있다. 야생화 무리 허리
꺾이는 소리와
비바람이
유리벽에 아우성대는 소리를 음악으로 들으며

비늘처럼 떨어진 내 퍼즐 조각들이, 자꾸만 어긋나는 나를 맞추며 놀고 있다.

꽃병의 백합 향을 맡으며 향기로운 생각에 잠긴다.

깊은 바닷속에서 건져 올린 조개껍데기가 심연의 전설을 들려준다.

빗속에서 어미가 어린 까치 입에 넣어주는 벌레에서 커피 향을 맡는다.

나른한 인식認識.

파도가 밀려와 다리를 적시고, 내 다리는 조금씩 푸른 물감으로 풀어진다.

이따금,

지느러미를 한 번 휘저어 썩어가는 살을 떨어낸다.

나는 내가 싫다

나는 내가 싫다.
새벽 출근을 하다가
손수레보다 두 배는 높은 폐휴지를
힘겹게 끌고 가는 할머닐 보며
나는 저런 노후는 아니겠구나 하며
그 노인을 도와드리고 싶은 마음 일어날 때,
취업 못 하고 결혼 못 하고
그들을 버린 사회에 세상을 버림으로밖에 저항할 힘 없는
청년들을 볼 때, 내 자식은 그나마 취직도 하고 결혼이라도 한 것을
다행으로 여기며, 위안과 조그만 행복감이 일어날 때.
어느 유명 연예인의 소식 파다할 때
그리고 그가 그 유명을 지키기 위해 얼마나 많은 소중한 것들을 잃어왔는지 온 매스컴들이 까발려 줄 때.
내가 동경만 해오던 그 어떤 일도 할 수 있을 부자나 힘있는 사람이, 갑자기 자살을 하거나 깊은 나락으로 추락했다는 뉴스를 읽을 때

그래서 나 같은 평범한 사람이 행복하기 더 쉽겠구나, 행복은 역시 마음속에 있는 것이구나, 하며 위안과 행복을 느낄 때

나는 내가 싫어진다. 남 불행한 일을 보며 위안과 행복을 느끼는 내가 싫어진다.

그래선 안 된다, 비겁한 행복이다, 매일매일 씻어내 보지만, 며칠만 방심하면 어느새 내 머릿속은 남의 불행을 먹고 사는 검은 행복들이 자라나 있다.

심지어 세월호 아이들이,

엄마 아빠를 부르며 폐에 물 밀려와, 내 자식을 대입하여 참을 수 없는 눈물에, 이런 미개한 사회에 분노하다가

그래도 내 자식 거기 있지 않은 걸 다행하게 여기고, 위안 삼고 작은 행복 느끼고, 하느님께 감사하는 내 자신이 죽도록 싫다. 찢어버리도록 싫다.

장미꽃

장미꽃이 장미꽃 비누 향을 풍긴다. 장미꽃 장미 향은 장미꽃 비누 향보다 촌스럽다.

아침마다 팔굽혀펴기를 한다. 중력에 저항하기 위해 나를 든다.

중력에 저항하기 위해 올라가는 계단을 만든다. 중력에 저항하기 위해 내려가는 계단을 만든다.

가끔은 자동차가 타고 싶어 여행을 간다. 휴게소 음식, 한 번씩 추월해주는 고속도로, 바닷가 차 안에서 마시는 자판기 커피가 여행이다.

무료한 날은 텔레비전을 보기 위해 뉴스를 튼다.

내가 일요일 아침 지중해에 떠 있는 난민과, 한곳을 바라보고 있는 중동 사람들과, 미국 대통령 뉴스를 틀어놓고 물을 주는 철골소심은 때로는 가짜다.

화면 속 죽음 앞에 순장되는 장미꽃을 물끄러미 바라보

는 나를 본다.

무료해서 자살을 꿈꾸는 사람은 무료해서 전쟁을 기다린다. 구속해주어야 평화를 얻는다. 살려달라고 자살하는 사람은 삶을 외치며 죽는다.

외로울 땐, 더 큰 외로움 얻기 위해 친구들을 만난다. 모두들 자기가 다녀온 곳만 말하고 자기가 먹은 음식점만 말한다. 누군가가 아프면 다투어 앓는 병을 자랑한다.

장미꽃 장미 향은 장미꽃 비누 향이다. 장미꽃 비누 향 비누로 장미 향 장미꽃을 만든다.

가을

출근을 하다가
거리를 덮어 나뒹구는
수많은 플라타너스 잎들을 보았다.
때 일러 제 빛깔 그대로인 푸른 잎들
지난밤엔 무슨 일이 있었던 걸까.

공원을 지나다
때도 아닌데 켜켜이 쌓여 있는
수많은 군상들을 보았다.
단풍잎, 은행잎, 산사나무 잎, 키 작은 철쭉나무 잎들
이번 가을 길목엔 무슨 일 있었던 걸까.

하늘을 쳐다보다
처절한 몸부림 끝에
허공을 맴돌며 떨어지는 낙엽 하나를 보았다.
이렇게 많은 낙엽들이
이렇게 많은 낙엽 하나하나가

때 이른 추위와 거친 바람에
마디마다 흔들리다
끊어지는 아픔 끊고 어지러움도 잊은 채
땅으로 내려와 모인 것임을
알게 해주었다.

그곳에 가면 그 노숙자 있다

처음 날개 찢길 때
도마뱀처럼 다리 하나 끊어버리고

빗물에 눈물샘 비워버리던 날
자존심마저 비워버리고
거추장스런 팔 같은 건 하나 떼어
배고픈 고양이에게나 주어버리고

남아 있던 얼굴일랑
쓰레기통에 던져버리고
투명인간으로 살다가
쓰레기로도 살다가

내장 속에 넣어둔 사진 몇 장
어느 날 띄워 보내고, 내장까지 씻어버리고
텅 비어
가만히
있는 자가 있다.

업데이트 센터Update Center

낡은 나를, 새로 깔고 싶다.

Update Center — ○○○ 님 환영합니다 사용자 변경 환경설정 도움말

1. 당신의 제품 선택 :

KOR561103	–	*PU-M2015392JV1002*

다음 〉〉 Enter↵

2. 위치 선택 :

☑ 하드 디스크(Brain : ₩) ※ **주의 : 당신의 두뇌가 모두 삭제될 수 있습니다.**

☐ 이동식 저장 디스크(G : ₩)

다음 〉〉 Enter↵

3. 포맷 & 백업 : 포맷 및 백업데이터 설치(권장)

다음 〉〉 Enter↵

4. 설치 : 전체 업데이트(권장)

다음 〉〉 Enter↵

⋮

설치 중입니다. 잠시만 기다려주세요

진행률 : 99%

설치 중입니다. 잠시만 기다려주세요

진행률 : 99%

설치 중입니다. 잠시만 기다려주세요

진행률 : 99%

설치 중 오류가 발생했습니다. Enter↵

설치 중 오류가 발생했습니다. Enter↵ Enter↵

일시정지 일시정지 일시정지

(2016년 10월 정기 업데이트 공지)

Ctrl+Alt+Delete Ctrl+Alt+Delete Ctrl+Alt+Delete

(2016년 10월 정기 업데이트 공지)

……

문門발 틈으로 본 세상

어느 초여름 아침

문발 밖, 푸른 새들 왁자지껄한 소리에 잠을 깨니

죽은 줄만 알았던 친구가 산새처럼 살아와 마루 끝에 앉아 있었다.

마당가 오래된 우물 옆에는

우물처럼 살아온 친구 할아버지가 큰 새 되어 껄껄 웃고 있었고

친구 할아버지 옆에는 집안을 빛낼 친구를 꾀어 정신을 더럽혔다는

친구의 먼 친척 친구도 새가 되어 서 있었다.

마른 풀더미처럼 서걱거리던 이웃집 어른들은 새 떼로 마당 한가운데에

침상에 걸터앉기도 하고 서기도 하며 친구가 떠나기 전으로 되돌아가 있었고

속 모르는 꼬마 새들 수돗가에서 머위 줄기 창포잎 쪼며 뛰놀고, 강아지들 덩달아 뛰어다니고 있었다.

문발 틈의 환한 세상, 햇살 뜨거워 문득 눈을 뜨니

새 떼 날아가 버려 친구와 친구 할아버지 이웃집 어른들
마을 꼬마들 강아지들 모두 초여름 햇살이 되어 있었다.

하느님 전 상서

하느님, 정말로 궁금한 게 있는데요?

착하고 여릴수록 살아가기 힘들고
모질고 악할수록 살아가기 쉬운 원리도
당신이 만드신 건가요?
말랑거리는 거미 등을 지그시 눌러
터뜨리는 예쁜 아기처럼,
그런 건 선악하고는 관계없는 건가요?

부조리가 도덕일 뿐인가요?

교활하고, 이기적이고, 속이고, 속이는 자신까지 속이는
생명인데 정말 죄가 되나요? 죽어가는 거미 내장을
손가락에 찍어 입에 넣는 아기처럼,
멈출 수도 없는데도요?
혹시 행복 불행 이런 것들처럼,
과일 향이나 따가운 햇살이나

부딪치며 지나가는 바람 같은 건가요?

그런데 희생, 이타, 이런 배반은 또
어디서 생겨나는 건가요?
스스로를 베어내 알지도 못하는 남을 살리는 이런
거역은 당신의 거대한 오류인가요?
아니면 선악, 부조리, 행복, 같은 것들처럼 이것도 실은
아무 의미도 없는 건가요?

그러던 아기가 왜 갑자기 울음 터뜨리나요?

하느님, 꼭 대답해주세요.

파도의 과학

사나운 파도를 밀어내는
물결이란
실은 제자리에서
물 오르내리는 현상일 뿐이다,
마치 우리가 세상 살며 숨을 쉬는 것처럼.

높은 바위 절벽 솟구쳐 때리는
거대한 파도도
실은 제자리에서
커다랗게 물 오르내리는
현상일 뿐이다, 마치 우리가
참지 못할 세상일에 거친 숨 내뿜는 것처럼.

그러나 거대한 파도의 힘은
속 뜨거운 우리들 마음처럼
보이지도 않는 먼 곳에서 달려온 것이고,
우리를 살아 숨 쉬게 하는 심장처럼

처음엔
두근거리는 일렁임에 불과한 것이었다.

큰 바람 바다를 짓눌러 산 같은 너울 이루어도
먼 바다 건너오는 동안엔 심해 깊은 곳
담아두었다가,
큰 물결 받아내지 못하는 얄디얄은 해안에 이르러서야
거대한 군중처럼 기어이
폭발하고야 마는 것이다.

겨울 산

겨울 산은 죽어 있는 듯 보이지만 희끗희끗 병든 몸뚱이 엎드려 제힘으론 영원히 깨어날 수 없을 듯 보이지만 겨울 산은 살아 숨 쉬고 있다. 헐벗은 나무들 단단한 거죽 속 싹눈 키우고 있고 둥치 바위 밑 짐승들 새끼 낳아 기르고 있다. 햇빛 지나치는 얼음장 밑엔 작은 생명들 느리게 살고 있고 추위 못 참은 어떤 생명은 스스로 얼음 되어 견디고 있다.

그러다 마침내 복수초 노루귀 눈을 뚫고 신호하면 일제히 일어나 자기들의 봄을 만든다.

죽음보다 깊은 잠

어느 소설가는
살기 위해 매일 죽는 사람을 말했지만
어떤 이는 잊기 위해
매일 밤마다 죽는 연습을 한다.
연습처럼 깊은 잠으로 세상일 모두 잊고
예전 같은 아름다운 꿈이나 잠깐 꾸다가
죽음보다 긴 잠에 빠지기를
갈망하고 있다.

비양도

그곳에 우리가 찾던 이념 같은 거라곤 없었네. 마술 같았지.

그리고 그날, 섬 하나가 마술처럼 내 속으로 들어왔다네.

내가 내 섬의 바다가 되리란 걸 예상 못 한 건 아니라네. 섬이 내 안으로 들어오는 순간 내 안에서 파도 소리가 들려왔다네.

이곳 사람들은 큰 섬을 육지, 혹은 거기라고 부른다네.

당연히 사람들은 그 사람들이라 부르고.

내 바다에서 파도 소리가 연신 귀를 잡아당겼네.

바다는 언제나 그렇듯 바닷빛이어서 깊이를 알 수 없었고

해안으로 밀려 나오는 건 양철지붕 같은 껍데기들뿐이었다네.

활화산의 흔적들은 너무 오래되어 낡아 있었고

바람들만 한 무리씩 찾아와 그날을 추억하고 있었네.

파도에 골다공 되어버린 정강이뼈 틈으로

마음들 물 새듯 빠져나가고 있었지.

그 순간, 내 섬에서 길을 잃어버렸네.

잃어버린 길은 숲길이 되었고 숲길 끝엔 우리의 그것들보다 오래되어 보이는 샘물이 하나 있었고 샘물가에도 파도에 밀려온 빈 고둥들 뒹굴고 있었는데

동굴보다 깊은 샘물 속에서 마침내 찾아낸 것 같았네. 우리들 모두의 역사를 합한 것보다 오래되어 보였지.

자네가 날 못 믿는 걸 아네, 솔직히 말하겠네. 내가 그날 샘물을 찾아냈다는 건 정확한 기억이 아니라네.

그러나 자네, 평생 시를 쓸 것 같았던 그 형의 변절을 기억하나. 폐포 하나하나에 가스가 들어차 킥킥, 웃음처럼 쓰러지던 그날을 자네 기억하고 있는가.

그랬다네. 밤이면 어둠이 그날의 안개처럼 기어서 왔고

안개가 푸른 혓바닥을 내밀어 내 깊은 바다를 삼키곤

했다네.

다시 말해 나는 내 안의 섬에서 몇몇 단어들의 포로로 갇혀 있었다네. 소위 그 사람들이 말하는, 우리가 목정맥이 터질 때까지 뱉어내던 그런 단어들 말일세.

물론 내 안의 섬은 내 바다에서 표류하고.

이해해주게. 밤마다 죽어가는 내 파도가 손톱을 세워 해안을 할퀴었고

섬을 두른 길이 내려와 허리띠처럼 내 목을 조여왔다네.

새벽마다

유리로 흩어진 파도 조각들을 맨살로 주워 담으며

내 배 가르며 다가올 서슬 퍼런 여객선을 기다리곤 했다네.

자네, 소위 그 사람, 내 안의 친구여.

어리석은 사람

교회나 성당 앞에서 구걸하는
사람은 돈 많이 벌 거라고 생각하는 사람은
어리석은 사람이다.
우리는 어리석지 않아서
그들이 우리를 속이고
우리 선한 마음 한구석 양심
괴롭히는 교활함을 안다.
장님이 아닌데도 장님인 척하고
불구가 아닌데도 불구인 척하고
나보다 더 잘사는 앵벌이 두목만 배부르게 한다.
그런데 가끔은 그런 것도 모르는 어리석은 사람 있어
기껏 여며놓은 마음 휘젓곤 한다.
심지어 얼마 전 지하철에선
가장 완벽하게 위장한 맹인의 바구니에
동전 몇 개 일부러 담아둔 플라스틱 바구니에
그보다 더 초라하고, 멍청해 보이는 껌팔이 소년이
힘겹게 껌 팔아 모은 천 원짜리 지폐를 넣는
진짜로 어리석은 장면을 보았다.

좋겠다

부처님은
참 좋겠다.
득도했으니까.

부처님은
참 좋겠다.
이 세상에 안 계시니까.

남는 아이

저녁 먹고 놀아라, 노을 부르는 소리
한 아이 붉은 감나무 향해 달려가고

저녁 먹어라, 어스름 부르는 소리
쭈뼛거리던 아이 말없이 가버리고

그리운, 엄마 부르는 소리에
서슴거리던 아이마저
처마, 전등불 밑으로 떠나고 나면

남는 아이,
빈집 불 켜러
어두운 세상 속 달음박질한다.

4차선 도로에 떨어진 신발 한 짝

퇴근을 하다가
4차선 도로 가운데 떨어져 있는 신발 한 짝을 보면
나쁜 상상 하게 되지. 걸음 멈추게 되지.

달려오는 바퀴에 관자놀이 부딪혀 튀어 오르는 모습 보며
내 목 꺾이는 근지러움과, 추락의 감각 함께 느끼지.
한 뼘 흰 차선 위에라도 떨어지는 행운, 간절히 바라게 되지.

등줄기 누르고 지나갈 땐
온몸, 뼈까지 부서지는 짓누름 느끼지.
그러고 나서도 아무 일 없던 것처럼
앉아 있는 모습 보게 되지.

차라리 어서 수없이 부딪혀
길가로 밀려나길 바라게 되지.
노을 지는 하늘 한 번 쳐다보게 되지.

급한 마음에 집으로 달려가
아내와 아이들 힘껏 안아주게 되지.

폭염

뜨거운 보도블록, 출구를 찾을 수 없다.

들어오지 마시오. 건너가시오. 자전거 표시가 자전거에게 사람 표시가 사람에게 명령한다. 신호기 속에서, 신호가 시간을 통제한다.

삐라처럼 반짝이는, 고주파 암호들의 따가운 감시.

플라스틱 가로수 사이에 쇠가로등이 어깨에 총, 하고 있다. 달구어진 자동차들이 열 지어 이동하고 있다. 모르는 사람들의 눈빛들 비수처럼 마주 날아가 충돌한다.

빌딩 속에선 각진 모니터 사각 종이들이 직선의 전략들을 쏟아낸다. 팽팽한 쇠줄이 승강기로 병력들을 이동시킨다. 거대한 군함처럼 부풀어 오르는 복사열의, 견고한 요새.

옥상에서, 차가운 의식意識 하나, 바다를 향해 뛰어내린다.

황금빛 유리 뒤에 숨은 검은 태양이, 건물 사이를 건너

뛰며 끝까지 쫓아온다. 전쟁이다! 얼음처럼 단단해진 생각 하나가 초강력 총알처럼 유리를 뚫고 날아가, 적의 심장에 꽂힌다. 뜨거운 파편들이, 빛발처럼 사방으로 튀어 오른다.

햇빛 흥건한 도로 위로 검은 피 쏟아져 내린다.

나뭇잎 사이로

마음 써오던 일들을 모두 마쳤는데
안 한 일이 있는 것 같다. 찾지 못한 가려움처럼.

오래전 읽다 만 시집도 뒤적여보고
애먼 발톱도 피가 나도록 깎아보았지만,
안과 밖이 온도가 똑같아
사라져버려도 좋을 것 같은 흐린 오후처럼. 미안함처럼.

요란한 새벽같이 검붉던 유신도 지나고, 소나기처럼 후려치던 민주화와, 혁명도 지나고
싫으면 싫다 좋으면 좋다 말해도 되는 나라, 백주 대낮에 정의니 평화통일이니, 사회주의가 좋으니 나쁘니 이런 말도 감히 입에 올릴 수 있는, 맘 편한 나라가 되었는데

무사히 은퇴도 했고, 신경 쓰이던 자동차 검사도, 내 유사有司 차례 모임도, 소소한 일까지 모두 마쳤는데. 자유로운 세상인데.

남은 빚처럼 속 근질거림은 무얼까.

신발을 꺼낼 때마다 생겨나는 빈자리처럼 함성 뒤 침묵처럼

잊어야 다시 돌아오는 습관처럼. 부끄러움처럼.

베어낸 시간처럼 실바람 하나 없는

잿빛 허공 때문인가.

잿빛 허공에

아픔처럼 짙푸르게 붙어 있는 나뭇잎들과

나뭇잎 사이마다 자국처럼 뚫려 있는

저 눈빛들 때문인가.

꿈을 잃은 두 번의 꿈

– 멀리 고속도로가 보이는 마을

(꿈 1)

꿈은 자꾸만 나를 깨우려 하고 나는 자꾸만 꿈을 깨우려 한다. 꿈은 꿈속을 두려워하고 나는 꿈 밖을 두려워한다.

꿈속에서 내 머릿속은 밀도 높은 어둠이다. 한밤중 텅 빈 냉골 방이다. 멀리서 철사처럼 팽팽해진 이명耳鳴 하나가 문틈으로 들어와 문틈으로 빠져나간다. 어제로 들어와 오늘로 빠져나간다.

지잉지잉 울고 있는 쇠 울림 소리가 강철 끌리는 소리가 골방에 갇혀 녹슨 슬개골 닳는 소리가 꿈 밖에서 들어온 소리가 기타 줄처럼 자꾸만 골속을 통과한다.

날카로운 톱날 도로 가르는 소리다. 이중 벽돌로 된 두개골 뚫는 소리다.

어둠 속에서 텅 빈 뇌 속 울리는 소리가 뇌 흐느끼는 소

리가,

멀리서 어둠 찢으며 달려온 소리 벽 속에 갇혀 휘도는 소리가 소리들의 맥놀이 소리가 공명 소리가 긴 울음소리가,

이따금 냉방 냉혈 공기 압축되어 이마 속에서 딱딱하게 뭉치는 소리가,

된다. 폭죽 소리 된다. 비명 소리 된다.

어제에서 들어온 떨리는 속삭임 된다. 아빠! 아빠?

타다닥! 기름 타는 소리 된다. 기름이 된 생명체 타는 소리 된다, 비명 같은 쇳소리 된다.

너무 시끄러워 돌아눕는다.

꿈과 내가 타협한다.

바닷속 같은 침묵.

맑은 잠으로 되돌아간다.

(꿈 2)

처형네 시골집 마당에 방금 활쏘기를 마친 동호회 회원들이 앉아 있다. 그들은 조금 전 눈을 가린 두 마리 말과 말 뒤에서 천으로 알몸을 가린 두 사람을 향해 수없이 화살을 쏘아댔다. 수없이 화살을 맞은 말들과 알몸의 사람들이 판자처럼 뒤로 넘어갔고 놀이가 끝났다. 험상궂은 남자 여럿과 억세게 생긴 몇 명의 젊은 여자들이 흥미를 잃고 말없이 마당에 앉아 있다. 나는 그들 옆 툇마루 끝에 앉아 그들과 눈을 마주치지 못한다. 남자 중 한 명은 조금 전 처형네 좁고 누추한 방 안 벽에 빔 프로젝터를 비추어 가게에서 옷 파는 걸 감시하던 남자다. 방 안에 남자가 신고 있는 가죽장화 옆 따스한 이불 위에 두 살 된 귀여운 아기가 둘 있다. 눈앞의 아기가 피부가 너무 투명해 얼굴이 연보랏빛이다. 내 두 손이 아기의 뺨을 어루만지고 아기 눈에서 말소리가 흘러나온다. 난 이렇게 보랏빛이라서 어른이 되어도 결혼하지 않을 거예요. 우리 엄마도 결혼 안 했어요. 아기 뒤에 얼굴이 연보라색인 아기의 엄마가 앉아 있다. 내가 남자에게 묻는다. 만약에, 꼭 할 건 아니지만 만약에, 저도 옷 장사를 할 수 있을까요, 카르텔 같은 게 있어서 들어갈 수 없겠죠? 남자가 웃음으로 그렇다고 대답한다.

꿈과 내가 타협한다.
나는 다시 맑은 잠 속으로 들어간다.

어느 두 젊은이의 대화

어느 두 젊은이의 대화 1

(쪽창으로 햇살이 들어오고 있는 작은 방)

물론 자기를 무시했다고 남을 죽인다는 건 말이 안 되는 거지만, 자존감自尊感이 무너졌다는 건 자기 존재감存在感이 무너진 거랑 같은 거라고 생각해. 어떻게 보면 사람들이 살아가면서 하는 모든 행위들, 말하는 것들 그런 게 다 남한테 자기라는 존재를 드러낼려고 하는, 보여줄려는 그런 행위가 아닐까, 그런 생각이 들더라구. 산다는 것 자체가 존재한다는 거고, 존재감을 느낀다는 자체가 살아가고 있다는 거를 자기가 인식하고 있다는 거잖아? **음**…… 내 생각은 달라. 나는 존재감까지도 버려야 되는 거라고 생각해. 남을 통해 자기 존재를 높이고 확인할려는, 음…… **그**게 없이 어떻게 살아? 존재감이 없다는 건 존재할 가치가 없다는 거랑 똑같은 거잖아? **나**는, 내 생각은 사람들은 그렇게 자신의 존재감을 드러내기 위해 애쓰고 포장하고, 그것들이 서로 부닺쳐서 갈등이 일어나는 거야. 그 껍데기를 벗어던지고 자기 내면을 봐야 한다는 거지. 진짜의 자기를 있는 그대로 인정하고 받아들여야 한다는 거지. **그**러면 뭐가 달라지는데? **그**러면 겸손해져. 남으로 인해서 내가 감정에 빠지지 않고. **그**럼 어떻게 되는데? **상**대방을 이해하게 돼. **그**냥, 자존심이나 존재감 있이도 상대방을 이해하고 감정을 잘 다스리는 사람들도 있잖아, 그 사람들하고는 뭐가 달라? **그**것도 좋은 거지만 이런 과정을 거치면 더 단단해져서 쉽게 흔들리질 않아. **음**…….

(Ins. 벽돌 위에 나무판을 올려놓은 책꽂이. 『행정법개론』, 『행정법요론』, 『형사소송법 기출총정리』, 『헌법 문제 족보를 밝히다』, 『영어 인터뷰 무작정 따라하기』, 『SMART 정치학 행정과 서브』, 『EBS 한국사능력검정시험』, 『한권으로 끝내는 한국사능력검정시험』, ……)

어느 두 젊은이의 대화 2

그럼 나는 가만히 있는데, 내가 감정 상하는 말을 해, 그럴 땐 어떻게 해? 내가 그 사람한테 시비를 건 것도 아니고, 나는 내 평정심을 갖고 살고 있는데? **내** 감정을 개입시키지 않으면 돼. 짜증 나는 그 말, 그 사건 안에다가, 내 감정을 나를 싣지 말란 얘기지. 내가 막 화가 나는, 나를 화나게 하는 그런 일이 있어. 그 사람은 일부러 너가 어떻게, 화내나 볼려고 그 얘기 한 게 아니라, 그 사람은 그냥 그때 있는 그대로의 자기감정을 얘기한 것뿐인데, 물론 그 사람은 너 감정을 고려하지 않았겠지, 그거를 내가 내 감정을 안 실으면, 그래서 아, 저 사람이 지금 상황이 저래서 그냥 저렇게 표현하는 거구나 하고 보면 되는데, 보통은 나는 가만있는데 저게 왜 나한테 이러는 거야? 이건 벌써 내 감정이 거기에 들어갔다는 얘기지. 감정을 싣지 않으려는 노력을 해야 된다는 거지. 상대방만을 본다는 거지. 나를 보는 게 아니고. **그**게…… 쉬운 일은 아니잖아. **그**러니까 나를 버리는 연습을 끊임없이 해야 되는 거야. **음**…… (Ins. 『행정학 요약집』, 『이것이 금융논술이다』, 『제4판 수정3쇄 정치학』, 『증보 제2판 미시경제학』, 『제4판 국제금융론』, 『제8판 거시경제론』, 『제4판 미시경제학』, 『해커스 토익 실전 1000제』, 『한국의 정치개혁과 민주주의』, ……) 결국은 그 존재감을 버리라는 거네? **그**렇지, …… 사람들은 내 존재를 남한테 봐달라고 뭔가를 자꾸 만들고 쌓고 꾸미고, 그렇게 살아가잖아? 남이 나를 보아주고 알아주지 않으면 내 존재감이 드러나지 않는 거니까, 그지? **응. 그**럼 남들은 내가 남에게 보여줄려고 만들어놓은 나를 본 거지 내 실체를 보는 게 아니잖아, 그지? **응. 그**러니까 우리는, 그 사람의 존재감 속에 있는 내면은 알 수가 없어. 내가 보여줄려고 하는 존재는 진짜가 아니니까. 어쩌면 우리는 서로 껍데기만을 보고 마치 다 알고 있는 것처럼 행세를 하고 서로 그러면서 사는 건지도 몰라. 나는, 나는 나밖에 모르잖아. 진짜 저 밑바닥에 감춰진 내 실체는 나밖에 모르잖아. 그걸 누구한테도 안 보이잖아. 보일 일도 없고 보이고 싶어지지도 않고. 그 안엔 내추한 것도 있고 안에 감추고 싶은 것도 있고 뭔가 포장된, 또 그런 상대방이 다른 사람한테 내 포장이 되어주기도 하고…… 그래놓고 어느 날 이상한 눈으로 그 사람 그렇게 안 봤는데, 그럴 줄 몰랐는데, 실은 자기도 그러면서.

음……. **왜** 내 감정으로 남의 감정까지 들여다보면서 그걸 이렇게 저렇게 할려고 그래? 우리는 내가 상처받는 거는 남이 나한테 요만한 소리만 해도, 그거를 내 감정을 건드리고 내 자존심을 건드린다고 생각을 하잖아. 사람들이 껍데기를 버리고 나를 깊게 되돌아보면 그런 생각 자체를 안 하게 된다니까. 그럼 내 감정이 실릴 일도 없고. **그**래도……, 그래서 그 사람이 나를 무시하고 비웃으면? **그**래서 무시하고 비웃으면 비웃거나 말거나 그건 그 사람 감정이지, 나는 괜찮은데? 비웃어서 너가 여기가 아파? 마음이 뚫려? 당장 상처가 나? 아무렇지도 않잖아. 자기가 감정을 안 실으면 비웃거나 말거나 그걸로 끝인 거지, 안 그래? 뭐 흔적 남아, 비웃었다고? **음**……. **비**웃거나 웃거나 내가 신경을 쓰지 말란 얘기지. 그런 거에서 자유로워지려면 내 내면을 들여다보고 자꾸 다듬으란 얘기지, 다 내려놓고. 진짜의 나를 받아들이고. 나를 버리지 않으니까 거기에 자꾸 휘둘려서, 저게 나를 얕보나, 나를 갈구나, 저게 뭔데 나를 우습게 보나, 이렇게 되는 거잖아. 그러거나 말거나 나는 그냥 내 자리에 항상 뿌리내려 있으면 흔들릴 일이 없잖아, 매사가……. 음…….

(Ins.『사무데이터베이스 관리』,『민주화 이후의 민주주의』,『우리가 꿈꾸는 회사』,『미래혁명이 시작된다』,『맬서스, 산업혁명 그리고 이해할 수 없는 신세계』,『부의 탄생』,『제4판 행정법개론』,『정보체계론』,『경제학의 Zip WorkBook』,『고급 영작문 & 영문독해』, ……)

어느 두 젊은이의 대화 3

그렇게 사는 게 내가 자유롭게 사는 거지. (Ins.『나는 사랑의 처형자가 되기 싫다』,『행정학 요약　　집』,『IFRS 회계원리』,『7급 객관식 경제학』,『화폐와 금융시장』,『우울할 땐 니체』,『죽어가는 자의 고독』,『돈이란 무엇인가』,『포토샵 리터칭』, ……) 나는 자존감이란 게 사람들이 사는 존재 이유라고 생각하고 있었기든. 그것도 전혀 아니라고 못 하겠지. 그런 자존감 때문에 그, 음……, 그래서, …… 반대로 내가 뭔가 옳다고 생각한다고 해서 내 신념으로 뭔가 남을 바꿀려고 하고 그러지도 말라는 거지, 그 사람이 어떻게 했다고 해서 내가 뭐, 저걸 어떻게 해, 이러지도 저러지도 말고, 그냥, 그 사람을 있는 그대로 받아들이고 인정해주라, 그런 얘기지. …… 그래서 내 자애심을 버리라고. **자**애심? **응**, 같은 얘기지, 나를 버리라고. **그** 자애심을 버리면 달라지는 게, 또 뭐가 있어? 살아가는 행동이나 자세 중에서? **그**리고? 이기적인 마음이 없어지지. 뭔가 나만을 위한 그런 것들이 없어지지. **내** 자신을 사랑하는 마음 그런 게 없으니까? **내** 자신을 사랑하지만 그런 마음이 적어질수록 뭔가 이, 타인과의 관계, 주변 공동체와의 관계에서 내가 우선되고 내가 먼저 해야 되고 내가 더 많아야 되고 하는 그런 것들이 좀 없어지는 거지. 나를 위한 욕심을 내려놓는 거지. 결국 너네가 말하는 이타심이네? **응**. **사**랑이고? **응**, 응, 사랑이 먼전 거야 그게. 옆엣 사람 배려가 먼저고. **결**국은 이런 이타심, 사랑을 위해서 나를 먼저 버려야 된다 그거네? **응**. 예수님도 그 사랑을 위해서 자기를 버린 거잖아. 자기 몸을. 희생을 했잖아, 그 사람 때문에. 사랑하지 않고는 그럴 수 없기 때문에. 우리도 나를 희생하고 사랑해야 된다 이거지. **응**,…… 음…… 근데 좀 전에 말할려고 했던 게 뭐야? **응**? **좀** 전에, 존재 이유 말하다가……? **응**?…… 음, 이 얘기 처음 시작할 때, …… 지금 너 심정, 나 알아. 뭐라고 직접 도움은 줄 수 없지만, …… 우리 같은 사람은…… 사람들이, 사랑이 깨지는 이유도 넓게는 같은 맥락일 거라는 거지, 더군다나 첫사랑은……, 너도 이게 첫사랑이었잖아, …… 얘기가 좀 엉뚱한 데로 비약되긴 했지만……. **음**…… 고마운 얘긴데, …… 그럼 앞으로 난 뭘로 살아가야 하지?

(Ins. 『KBS 한국어능력시험 9』, 『행복의 신화』, 『죽음이란 무엇인가』, 『프랑스 혁명』, 『세상은 왜 존재하는가』, 『제3판 한국경제학』, 『스트레스 관리』, 『2%를 채워주는 프레젠테이션의 비밀』, 『PERSONALITY Theory and Research』, 『정치학으로의 산책』, 『토익스피킹 한번에 끝내기』, ……)

3부

빈 들판은 또 야윈 바람 몰고 오고

이승

가장 친했던 친구의
젊을 적 애인을 우연히 만났다.

거칠고 늙어진 얼굴 곳곳
옛 시간 그대로
멈춰 있었다.

홀로 살아왔다는 친구의 옛 애인은
친구를 본 듯 반가워했고
친구를 본 듯
한참을 울었다.

내 앞에서 이승 하나 울고 있었다.

낯선 거리에서
오래전 시간 하나
소멸하고 있었다.

이별

–사계

(봄)

이별은
처마 끝 고드름에 매달려
작은 바람에
떨고 있는 물방울.

얼음장 가슴 녹아
터져 나오는 울음 삼키며
흐르는 작은 물소리.

열 손가락 펼쳐
간절히 맺힌 꽃잎 속에
머물다가

몰래 내리는 저녁 비에
떨어지는
꽃비 속에 스미다.

(여름)

굳은 줄기
타고 올라
푸르름 무성해질수록
그늘 짙어지는
나뭇잎으로 살다가

제 몸 못 이겨 추락하는
소나기처럼 절망하다가

차라리 바람 되어
허공에 흩어지다가

스스로 타들어 가는
노을이 되다.

(가을)

하염없는 기다림
따가운 햇살로
참회를 하고

가난한 마음 빛깔로 바래가는
들풀로 흔들리다
시간이 바람을 몰고 가면
빈 들판은 또
야윈 바람 몰고 오고

눈가에 맺힌 이슬
천 번이고 마르고 말라

마음속 떠나보낼
열매 되어 영글다.

(겨울)

작은 짐승의
따스한 입김도 얼어붙고

마지막 철새 날아간 자리
겨우내 몇 번이고
찾아와 흐느끼던
눈보라마저 떠나가고

금 갈 듯 차가운 밤하늘
얼음 조각달
시린 빛 한 줄기 처마 끝에 내려와

새로이
이별을 만들어가다.

봄비

봄비는 소리 없이 온다.

산달이면 온몸 아프신 어머니처럼
가장 아름다운 봄날 몸살처럼 내려와
낯익은 거리마다 소리 없이 다니다가
이따금 하늘 쳐다보는 속눈썹에 앉는다.

두려움 감추고 맨발로 가시던 길.
한 번도 가보지 않은 길 홀로 외로이.
이 비 내년에도 볼 수 있을까, 그 밤 두려웠으리.
뒤척일 적마다
살아온 날들 우수수, 쏟아졌으리.

봄비는 소리 내어 울지 않는다.

가장 아름다운 봄날 몸살처럼 내려와
그리운 이들 곁에 종일토록 머물다

모두가 집으로 돌아간 밤 되어서야
나뭇잎에 대고 소리 내어 운다.

화병이 깨지던 이른 아침의 이미지

깨어진 화병 고운 햇살.

꽃잎에 박힌 유리 조각 영롱한 무지개.

나만 따르던 마지막 눈빛.

달빛만 따르던 꽃잎의 눈빛.

시린 아침마다 문틈으로 들어오는 외로움.

눈 내린 굽은 길 아지랑이 손짓.

서글픈 세상.

서글퍼서 더 아름다운 세상.

그리움

눈멀고 귀먹어
골목 지나실 때 행인들 사이 숨겨놓으신
모습 사라질 때까지,
늘 들르시던 가게 안에 숨겨놓으신
목소리 사라질 때까지.

마른 가슴 숨 멈춰져
손길 머무시던 곳 어루만지다 갑자기 터지는
밭은 숨 그칠 때까지,
기쁨처럼 쏟아지는
메마른 울음 그칠 때까지.

뛰는 심장, 마저 멎어
베갯머리 들려오는 발자국 소리
멎을 때까지, 늦은 귀가인 양 이름 부르며
안아보고픈
빈 요동 멎을 때까지.

기차역

이맘때라는 말은 희망을 주고, 절망을 준다.
보이지 않는 곳으로 기차가 가고 있다.
떠나는 사람과 기다리는 사람이 나란히 앉아 있다.
온 기차는 이곳을 향해서만 오고 있었겠지.
따로 온 사람들이 나란히, 따로 앉아 있는
기차역은 기다림이다.

떠나는 기차를 짧은 깨달음이라 하자.
팬지꽃, 막차, 끝말잇기, 이런 말은 긴 그리운 말이다.
남겨진 적막 속을 끝도 없이 쫓아가는 철길
지금쯤 알 수 없는 너의 역에 다가가고 있겠지.
터널을 지나 들판 가로질러 너의 황혼을 달려가고 있겠지.
저물녘 코스모스 그림자보다 짙은
기차역은 그리움이다.

처음엔 사랑하는 사람을 사랑하다가
사랑 무르익으면 그 사랑을 사랑하다가

그리움마저 바래지면, 사랑의 기억만을 사랑하지.
눈 쌓인 승강장 이정표 홀로 서 있는
기차역은 사라져가는 추억이다.

함박눈 쏟아지는 밤

함박눈 쏟아지는 밤에는 잠이 오질 않는다.

소삭소삭, 벽창 밖 쌓이던 눈 기척
가로등 아래에만 와아, 쏟아지는 눈 맞으며
나무들 밤새 서 있을 앞산 하염없이 바라보다
지친 가족 깰세라 조용히 방문 닫을 어느 소년 생각에

힘들었던 하루 모두 마치고
더 추워질 걱정에 어두운 거리 나서면
몰래 온 고향 친구처럼 온 하늘 덮어주던 함박눈과
볼 맞추고 어깨동무하고 골목 들어설 어느 청년 생각에

밤늦은 퇴근길
함박눈 쏟아지는 놀이터 가로질러
작은 나뭇가지 눈 지붕 출렁일 때마다 가슴 철렁할
참새들 걱정하며 걸음 재촉할 어느 가장家長 생각에

함박눈 이렇게 쏟아지는 밤에는 잠이 오질 않는다.

사랑

내 시간 속에
그의 시간을 넣고 사는 것.

내가 조롱하고 놀리던
그의 버릇이 어느 날
내 속에 들어와 있는 걸 깨닫듯이
그의 시간들을
비로소 감싸 안게 되는

그리고 그의 아픈 시간이 내
깨달음의 시간을 기다려준 것임을
알게 되는 것.

사랑은
그의 시간이 내 속에
들어와도 가두지 않고 열고 나가도
기다려주는
서로의 문이 되어주는 것.

인연

인연이란 말은
만날 때보다
헤어질 때 떠올리는 말입니다.
헤어질 수 없을 만큼
소중했던 사람과 헤어질 때 떠올리는 말입니다.
우연히 숨결에 날려 온 홀씨 하나
내 속에 실뿌리 내려 여린 싹 틔우더니
이제는 뽑아낼 수도 없는 예쁜 암처럼 온몸에 뿌리 내려
그의 기침만으로도 내 실핏줄 터져 여기저기 꽃망울 맺는
그런 소중했던 사람과 헤어질 때 떠올리는 말입니다.
인연이란 말은
다시 만날 희망이 있는 사람보다
다시는 만날 수 없는 사람과
이별할 때 떠올리는 말입니다.

길손

먼지처럼 흩날리는 만남이고 싶다.
쉬이 잊혀지는 우연이고 싶다.

앞에 있어도 발걸음 걸리지 않고
어떤 모임에선 슬그머니 사라져도 아무도 눈치채지 못하는

집으로 치면 초석도 아니고 기둥이나 서까래도 아니고
바람벽 귀퉁이 한 부분 그래서 차라리 떨어져 나가야 고색창연해지는,

우연히 축제를 지나다
뒤에 서서 잠시 구경하다 떠나는 길손처럼

그렇게 있는 듯 없는 듯 살다 이 세상 슬그머니 지나가는
아무도 마주친 적 없는 만남이고 싶다.

외로움

외로움은
발가벗겨진 아이다.

어제 읽던 책 표지가 문득 낯설게 느껴짐이다.

친구의 예기치도 못한 고백을 들을 때.
혹은 긴 헤어짐 끝에 문득 마음 평온해짐.

때로는
언제나 같이 있어주는 친구가 있다는 것.
언제나 나를 믿어주는 아내가 있다는 것.

외로움과 싸우면 더 외로워짐 알고 말아
외로움 벗어나는 순간 신神마저 날 버림 알고 말아

세상 돌 하나 바람 한 점까지
스스로 외로움 길러 아불 듯 지워질 때까지

사라지지 않을 외로움 알고 말아

이제 그만 자려고 음악을 끄듯이
지워지는 것이다, 외로움이란.

어머니의 식성

식성이 우리와는 정반대셨던,
감자밥은 보드라운 감자를 참 좋아하시고
보리밥이면 구수한 보리를 유난히 좋아하셨던,
생선은 생선 비린내를 싫어하셨고
특별한 날 닭이나 소고기는
기름기 싫어해 거의 입도 대지 않으셨던,
자식들 객지 떠나보내시고 병석 누우신 후에서야
우리 식성 어머닐 쏙 빼닮았다는 걸 알게 해주셨던,
야위신 몸으로 허겁지겁 맛있게 드시다가도 문득
습관처럼 우리에게 미안해하시곤 하셨던,
지금 내 나이도 못 넘기고 돌아가신
어머니가 싫어하셨던 음식 먹을 때마다
어머니가 그립다.

아버지의 아들

내 어릴 적
스승보다 커다랗던 아버지가
왜 내 커갈수록 말씀 적어지셨는지
내 아이 자란 후에야 알게 되었다.

아버지 유난히 작아 보이시던 어느 날
동전만 한 목소리로, 미안하구나,
꼭 한 마디 하신 후 왜 더욱 말씀 적어지셨는지
내 아이 서른 넘어서야 알게 되었다.

환갑을 넘기신 후론
마치 실어증 환자처럼 어떤 대꾸도 않으시고
무심한 듯 아무 표정도 안 지으시고
잃어버린 표정 속에
얘야, 사는 게 그런 거란다, 그 말을
왜 말씀 않고 참아두셨는지, 어찌할 수 없는
슬픈 마음 왜 마지막까지 감추어두셨는지
내 아이 어른이 된 후에야 비로소 알게 되었다.

너무 예쁜 말

고향에서 친구 집을 방문해 저녁을 먹는데
새끼 제비처럼 벌린 딸애기 입에 밥을 넣어주는
아내에게 친구 모친이 말씀하셨다.
논에 물 들어가는 거하고 햇아 입에 밥 들어가는 거보다
이쁜 게 없어, 눈앞에 갑자기
며칠 전 모내기를 끝낸 물 찰랑이는 푸른 논과
푸른 들판에서 뛰노는 아이의 모습이 겹쳐졌다.
세상에 그렇게 예쁜 말은 없었다.

바나나

우리 동네 마트 식료품 코너 주변을 퇴근길 복장을 한 젊은 부인이 10분째 맴돌고 있다. 약속처럼 팔짱 낀 신혼부부가 몇 번째나 마주친 어떤 아주머니 옆을 느리게 비켜 간다. 허름한 바탕에 딸이 사준 구스 점퍼를 걸친 지층 아주머니가 담았던 물건을 두 번째 내려놓고 있다. 신혼부부는 다른 마트보다 더 싼 물건을 몇 번째나 찾아내면서 깨가 쏟아진다. 소녀 둘이 깔깔거리며 빠져나간 계산대 앞에는 달라진 봉툿값에 실랑이 벌이고 있는 눈매와 머리카락이 사나운 할머니가 버티고 있다. 티브이도 안 보세요, 차갑게 쏘아붙이던 계산원 아줌마가 쌓아놓은 상자 뒤편을 재빠르게 다녀오더니 거뭇하지만 속 괜찮아 보이는 바나나 송이를 아무도 못 본 듯 재빠르게 넣어준다. 오늘만 벌써 세 번째다.

목각 인형처럼

오래되어
제 몸 하나 버거워져
뒹굴고 있는 나무를 쇠톱으로 슬겅슬겅, 베어다가
켜켜이 굳어진 때, 터지고 더러워진
겉껍질 도끼질로 펑펑, 벗겨내 버리고는
숨어 있던 속껍질까지 벗겨내 버리고는

모진 세월에 뒤틀리고 모질어진 바깥쪽 나이테들 낫으로
퍽퍽, 쳐서 깎아내고
큰 가지 뻗쳐내느라 단단하게 뿌리 박힌 옹이들
그 속에 아픈 상처 흔적 새겨진 속 나이테까지
세상 살면서 만들어진 더께들
모두 쳐내버리고는

박 속살처럼 하얀
어린 시절 나무만으로 다시 태어난
목각 인형처럼.

소양강 1

소양강 상류 깊고 외딴 민가에서 부부에게 신세를 졌다. 부부는 산처럼 무겁고 순수했다. 부부는 잠시 머물렀던 세상에서 돌아와 작은 산과 호수가 되어가고 있었다.

그들을 떠나올 땐 말없이 아쉬움만 주고받을 뿐 훗날을 기약하지 않았다. 산이 잠시 품었다 떠나보내는 짐승처럼 호수가 쉬게 하다 놓아 보내는 물고기처럼, 다시 만나지 못할 걸 서로가 느꼈고 서로가 알았다.

내가 이 세상 살면서 처음 만났던 그들을 남겨두고, 내가 이 세상 살면서 마지막으로 보는 푸르고 깊은 눈을 마주 보다가, 내가 이 세상 살면서 다시는 보지 못할 그들을 돌아서 왔다.

소양강 2

소양강 상류 깊은 곳
밤에는 밤 세상 살고 있었네.
별빛과 달빛으로 자기들의 질서 만들어놓고
자기들의 한세상 살고 있었네.

소란했던 낮 잠잠해지면
보이지 않는 그림자 하나 둘 세상에 올라와
밤 벌레들 하늘을 날고
밤에만 우는 새가 울고
호수 건너편에선 밤 개가 짖었네.

밤 세상도 밤안개로 하루 시작하고
밤 세상도 흐린 밤 맑은 밤 있었네.

달빛 푸르러 느꺼운 밤이면
까만 바람 불어와 까만 물결 반짝이고
까만 짐승 내려와 까만 호숫가 거닐었네.

모진 비 오는 밤이면 밤새 까만 돌로 엎드려 있다
새벽녘에야
더 맑고 더 어두운 내일 꿈꾸러 보금자리 돌아갔네.

소양강 상류 깊은 곳에는
낮 그림자 같은
생명들 살고 있었네.
별빛과 달빛만으로도 살 만한 세상 만들어놓고
새끼들 기르며 살아가고 있었네.

아름다운 존재들

내 몸뚱이가 분자 원자로 이루어졌다는 건 얼마나 근사한 일인가.

오래전 우주를 떠돌다 한 행성에 머물러,

불타는 대륙 끝 어느 공룡 몸뚱이의 분자였다가 몸뚱이 분해되어 바람에 흔들리는 한 소철나무 분자 원자였다가,

다시 흩어져 물 되어 흙 되어 대륙 넘나들다 매머드도 되고 네안데르탈인도 되고 또는 네안데르탈인 어깨에 걸쳐진 가죽옷도 되었다가,

이 모든 것들 모여 내 몸뚱이 되어 있다는 건 얼마나 근사한 일인가.

우주 떠돌던 자유로움, 공룡의 포효 혹은 살 찢기는 비명과

흔들리는 소철의 명상, 물과 흙의 속삭임, 네안데르탈인의 용기와 두려움과 지혜,

이 모든 것들의 바탕이던 분자 원자가 모여 만들어진, 돌도 되었다 생각도 되었다 물도 되는, 머잖아 내 분자 원

자 또다시 흩뜨려 다른 몸 될,

우리 몸뚱이들이란 얼마나 근사하고 아름다운 존재들인가.

이른 봄

이웃집 노인들이 이른 봄을 맞고 있다.

앞집 좁은 마당과 건넛집 옥상과 그 너머 집 마당에서.

이른 새벽부터.

노인들은 같은 시간을 가졌다,

보름밤 한꺼번에 알을 푸는 게들처럼.

겨우내 구석구석 숨어 있던 판자 데미와 나뭇가지와 풀데미들, 끌려 나오고 있다.

햇빛 옹기종기 모여 있는 마당 한가운데로.

꼼짝도 못 하고.

젊을 적 소고삐 잡던 손에 이끌려.

지난해 내내 고추 상추 호박넝쿨 키우던 더러워진 땅 어느새 이불처럼 걷혀 있고,

웅크린 봄이 라일락나무 아래로 끌려 나오고 있다.

옷고름 잡혀서.

질질 끌려서.

추위 슬그머니 내려간 옥상 위에선 나무틀 고무대야 겨우내 천대받던 화분들까지,

끌려 올라와 하품하고 있다, 꼭두새벽에 일어났다.

옆에는 팥고물보다 맛깔나 보이는 봄 흙 차려져 있다.

떡메 기억하는 손아귀가 그렇게 만들어놓았다.

노인들 조반 마치고 단잠까지 마칠 무렵에야

덜 깬 가지에, 새들 몰려와 빼액빼액 소릴 질러댄다.

아이들 몰려나와

재잘재잘 째액째액 지저귄다.

함께하기

–저어기 있잖아. 조기.
–어디이?
–저어기. 조기조기.
–소리도 안 나는데?
–소리 안 나도 있어.
　아이참, 답답해 죽겠네.

–나 안 볼래.
–한 번만.
　내 손 잘 봐봐.
–아 잠깐, 나도 본 거 같애,
　근데 다시 없어졌어.

햇살 좋은 봄날,
부부가 하늘을 보고 있다.
함께 비행기를 본다는 것은 거리를 맞추는 일이다.

| 해설 |

고해를 헤쳐나가는 방법에 대한 고찰

이승하 시인 · 중앙대 교수

카필라성의 왕자 고타마 싯다르타가 출가하여 성불하게 된 이유를 불가에서는 '사문유관四門遊觀'으로 설명한다. 성안에서의 생활은 따분하기 이를 데 없었다. 성문 밖 사람들이 살아가는 모습을 보고자 마부가 모는 마차를 타고 성 밖으로 나간 싯다르타는 동문 밖에서 백발의 노인이 지팡이에 몸을 의지해서 위태롭게 걸어가는 모습을 본다. 며칠 뒤 남문 밖에서는 병자가 길가에 웅크리고 있는 모습을 본다. 며칠 뒤 서문 밖에서는 장례식 행렬을 본다. 사람 몇이 시체를 운구하는데, 그 뒤를 가족이 울면서 따라가는 광경을 본다. 싯다르타는 고민에 휩싸인다. 아아, 인간은 생로병사의 쳇바퀴에서 헤어날 수 없단 말인가. 왕자는 며칠 뒤 마부를 불러 북문으로 말을 몰게 한다. 이번에는 아주 낯선 복장을 한, 머리를 빡빡 깎은 사람이 씩씩하게 걸어가는 모습을 보고는 마부에게 묻는다. 저 사람이 누구냐고. 마부는 "출가한 승려입니다. 속세를 떠나 도를 닦는 사람입니다"라고 대답한다. 싯다르타는 생각한다. 옷은 남루하지만 표정이 참 밝구나. 나도 저 사람처럼 도를 닦으며 살아가면 얼굴이 저 푸른 하늘처럼 맑아질 텐데……. 어차피 늙고 병들어 죽는 것이 인간의 운명이거늘 '어떻게' 사느냐가 중요한 것, 나도 출가하여 승려가 되리라. 이것이 '사문유관'이다. 궐내에서의 부귀영화를 뿌리치고, 아내의 따뜻한 품을 마다하고, 싯다르타는 수행의 길로 나서 득도하여 붓다가 된다.

시집의 해설을 써야 하는 자리에서 왜 이런 엉뚱한 이야기를 하고 있냐면, 김병선의 시집 『아물 듯 지워질 때까지』에는 유독 '老'와 '病'과 '死'에 대한 시편이 많이 나오기 때문이다. 탄생과 죽음 사이에는 성장과 노화와 질병이 자리하게 마련인데, 시인은 인간의 생 · 로 · 병 · 사 가운데 특히 '老'와 '病'에 대한 성찰을 깊게 하고 있기에 싯다르타의 출가 이야기를 서두에 해보았다.

생로병사에 대한 심각한 고뇌가 일국의 왕자를 불교라는 종교의 창시자가 되게 하였다. '老'와 '病'에 대한 심각한 고뇌가 한 명 교육자를 시인이 되게 하였다.(김병선 시인은 고교 교사로 평생 봉직하다가 2017년 2월에 명예퇴직을 하였다.)

한복 고운 늙은 신랑이 신호등 옆 돌벤치에 앉는다.

자릴 가리키는 손등이 마른 땅껍질 같다.

한복 고운 늙은 신부가 뒤따라와 돌벤치에 몸을 얹는다.

봇짐 같은 몸뚱이를 구부러진 지팡이로 괸다.

신호를 한 번 흘려보낸 늙은 신랑이 몸을 일으킨다.

조금 있다 늙은 신부가 몸을 따라 일으킨다.

비둘기들처럼 말이 없다.

—「비둘기」 후반부

두 늙은 내외가 신호등 옆 돌벤치에 앉아 있다가 신호가 바뀌어 길을 건너는 모습을 묘사하고 있다. "늙은 신랑"의 손등은 "마른 땅껍질 같"고 "늙은 신부"의 몸뚱이는 "봇짐 같"아서 "구부러진 지팡이"가 있어야 괼 수 있다. 비둘기는 "노인들처럼 말이 없"고 노인은 "비둘기들처럼 말이 없다". 이 시를 제일 앞에 세운 이유가 무엇일까 생각해보았다. 부부가 해로하는 모습을 보고 관찰기록부를 쓰고 싶었던 것이 아닐까. 「어떤 부부」에서는 부부가 해로하다가 남편이 병에 걸려 세상을 버릴 날이 다가오는 지극히 평이한 일상을 그리고 있다. 누구에게나 일어날 수 있는 일이지만 겪는 당사자는 사별이라는 대단히 슬픈 이별 장면을 예상하게 된다.

세월이 흘러도 아내는 변치 않았고 늙어버린 남자는 어두운 내장 속 들여다보다가 오랫동안 장기로 살아남아 도려낼 수 없는 싱싱한 종양 몇 개를 발견했다. 남자가 말했다, 남은 거라곤 이놈 죽지 않는 종양 데리고 저세상 먼저 가서 가부장 없는 이승 머릿짐 내려놓고 당신 마음으로 살아 한 줌 남은 자유 행복이라도 누려보는 길밖에는, 그랬으면 좋겠다고.

—「어떤 부부」 중반부

남자가 자기는 종양 제거 수술을 하지 않고 죽을 테니까 아내에게 "한 줌 남은 자유 행복이라도 누려보는 길밖에는, 그랬으면 좋겠다고" 말한다. 수발드는 일일랑 그만하고 자유롭게 여생 즐기다가 나를 따라오라고 한 것이다. 그러니까 아내는 자기가 먼저 죽었으면 좋겠다고 말한다. "마지막으로 당신이 내 몸을 정성스레 닦아주고 새 옷 입혀주고 고이 받들어 묻어주는" "그런 호강 꼭 한 번만 누려보고 싶다고" 말한다. 남남이 만나 이룬 부부지간인데 정이 넘쳐 오히려 애잔한 슬픔을 전해주는 가편이다. 특히 아내의 말은 독자들의 가슴을 찌릿찌릿하게 하는 감동을 주기에 모자람이 없다. 아래 시는 실제 상황이라고 짐작이 간다.

오래전 내가 받았던
암 수술을 아내가 받았다.
어디 가 얘기하기도 그랬고
감추기도 그랬다.

참,

그랬다.

커플링도 하잖아.

우린 커플 암 수술을 했어.

이렇게 말해버렸다.

그는 같이 웃어주기도 그랬고

울어주기도 그랬다.

–「참, 그랬다」 전반부

병이란 것은 부지불식간에 찾아오는 경우가 많다. 무병장수를 했고 죽을 때도 잠을 자다 스르르 죽는다면 이보다 더한 복이 있으랴. 그런데 암은 우리가 예상하지 못했을 때 방문하는 불청객이다. 암세포와 싸워 이기는 경우도 없지는 않지만 수술도 항암 치료도 소용없는 경우가 많다. 앞서거니 뒤서거니 암에 걸린 부부가 나누는 대화가 참 애처롭다. 이렇게 된 상황이 무척 안타깝지만 어떻게 하랴. 인간이란 어차피 죽게 되어 있는 것을.

인생을 여행이라고들 하더니,

어디까지 가세요?

저도 거기까지 갑니다.

우리는 같이 걸었고, 걷다가 같이 쉬었다.

다른 길손 만나면 우리는 연인이 되었고 부부가 되었다.

—「반려伴侶」 전반부

이렇게 만나 반려가 되어 긴 여행을 떠났는데 어느덧 헤어지게 되었다. 하지만 두 사람은 "헤어지는 방법"을 "아직 생각해내지 못했"다. 헤어질 날이 오기는 올 테지만 누가 아프기 전에는 그것을 생각하지 않고 살아가니까 그런 것이다. 그러다 부부는 남도 여행을 하고 와 여행의 의미를 곰곰이 생각해보게 된다. 여행은 언젠가 끝나게 마련이다. 돌아올 것을 예상하고 떠나는 것이 여행이다. 여행을 갔다가 돌아오는 날은 우리 인생의 마지막 날이 될 수도 있다.

왜 여행을 떠나려 했는지, 여행에서 무엇을 보고 싶었는지, 생각해보다가 문득 지금 내 여행은 무슨 여행인지 생각하게 되었다. 죽음의 의미를 아는 날부터는 죽어가는 것이란다. 죽어가는 과정 속에 기쁨이 있고 슬픔이 있고 삶이 있단다.

—「남도에서 잃어버리다 2」 중반부

남도에서 무엇을 잃어버린 것이 아니라 삶의 의미를 도리어 찾아온 것이 아닌가. "죽음의 의미를 아는 날부터" "죽어가는 것"임을 알게 되었고, "죽어가는 과정 속에 기쁨이 있고 슬픔이 있고 삶이 있"음을 알게 되었으니 잃어버린 것이 결코 아니다. 옛사람들은 인생을 흔히 길에 비유하여 '인생길', '인생행로', '행운유수' 같은 표현을 하곤 했는데 김병선 시인은 이와 같이 부부가 함께 가는 길에 주목하였다.

두 할머니가 나누는 대화 내용이 시가 된 「이별」은 별다른 내용이 없다. "서울의 가장 변두리/ 오래된 서민 주공아파트 앞/ 큰 느티나무 아래 작은 정자에서/ 팔순이 넘은 자그마한 두 할머니가/ 헤어"지는 광경을 그리고 있다. 한 할머니가 전라도 화순에 가는데, 언제 돌아올지 본인도 모른다. 그래서 "가봐야 알지이./ 못 올 수도 있구우"라고 말한다. 남아 있는 할머니는 친구가 먼 곳으로 간다니 영 서운하다. 그래서 "꼭 다시 와아"라고 말한다. 그런데 "떠나가는 할머니는 대답 대신/ 무심한 눈길 한 번 주고는/ 똑같은 걸음걸이로 걸어간다". 두 할머니는 애석해하거나 애달파하지 않고 무덤덤히 헤어지는데 독자의 마음이 짠한 이유가 무엇인가. 두 사람의 재회가 이루어질 것 같지 않기 때문이다.

시인은 한 노인이 한 손으로는 빨간 우산을 쓴 채 자전거를 타고서 비바람을 뚫고 가는 광경을 화폭에 담기도 한다(「비바람 속의 수채화 1」). 산에서 전복껍데기를 보고 "버려진 물건이 혼자를 즐기고 있을지도 모른다"(「홀로 살아가기」)는 생각을 왜 한 번도 해본 적이 없었을까, 상념에 잠기기도 한다. 이런 시에는 독거노인이 늘고 있는 우리 사회상이 반영되어 있다. 노인네들한테서는 특유의 냄새가 난다고 하는데 그 냄새가 바로 자신의 이불에서 훅 풍겨와 곤혹스러워하기도 한다(「냄새」). 내가 싫어하던 냄새를 내가 풍기고 있다니.

이와 같이 제1부의 거의 모든 시가 '老'와 '病'에 집중되어 있다. 그렇다. 누군가 죽으면 가족은 생자와 사자로 나누어진다. 아니, 상갓집에 가보면 세 부류로 나누어진다. 이미 죽어 병원의 시체실에 안치되어 있는 사람은 말이 없다. 상주와 그의 가족들, 그리고 조문객들은 입장이 다르다. 상주는 "아무렇지도 않게 웃고 떠들며 먹고 있는/ 문상객"(「생명」)들이 왈칵 미워지기도 하지만 "고작 세 끼쯤 굶은 후 허겁지겁/ 고깃국을 먹고 있는 자신"을 보고 부끄러움을 느끼기도 한다. 이것이 '생'과 '사'의 비애다. 죽은 사람은 고통 없는 세상으로 갔으니 평안해진 것일 테지만 산 사람은 식욕 · 수면욕 · 출세욕 · 명예욕 · 성욕 등에 시달린다. 시인의 인생관과 세계관은 아무래도 불교 쪽에 가깝다.

시간 공간 어름은
부처님 자리.

낭랑한 염불 소리

토함산
흘러내려

골짜기마다
틈바귀마다
채워가고 있다.
-「석굴암」 후반부

염불은 왜 하는가? 해탈을 꿈꾸기 때문이다. 시간과 공간이라는 것은 결국 인간을 제약하는 것이기 때문에 불가에서는 '空'을 중요하게 생각한다. 비움과 내려놓음은, 하지만 실행하기가 얼마나 어려운가. 「좋겠다」 같은 시에서 김병선 시인은 자조적으로 "부처님은/ 참 좋겠다./ 득도했으니까.// 부처님은/ 참 좋겠다./ 이 세상에 안 계시니까"라고 말하기도 한다. 시집의 제2부는 일상에서의 고투, 그 흔적의 기록이다.

파도가 사탕처럼 부서져 내리고 나는 내 몸을 오려
퍼즐 조각을 만들어, 무료한 시간을 가지고 논다.

사유로움의 자유.
-「금붕어가 갇혀 있는 카페 - 고구마카페에서」 부분

무료해서 자살을 꿈꾸는 사람은 무료해서 전쟁을 기다린다. 구속해주어야 평화를 얻는다. 살려달라고 자살하는 사람은 삶을 외치며 죽는다.

외로울 땐, 더 큰 외로움 얻기 위해 친구들을 만난다. 모두들 자기가 다녀온 곳만 말하고 자기가 먹은 음식점만 말한다. 누군가가 아프면 다투어 앓는 병을 자랑한다.

—「장미꽃」 부분

현대인치고 외롭지 않은 이는 없을 것이다. 농경사회 때는 가족이 함께 들판에 나가 노동을 해야 했지만 지금은 각자 자기 방 컴퓨터 앞에 앉아 있다. 각자 외로운 단독자인지라 친구들이 모여도 자기 말만 하고 자기주장만 내뱉는다. 시인은 소시민적인 삶에 만족하는 내가 싫지만 나는 나일 따름, 우리 중의 그가 아니다. 타인도 전부 외로운 단독자인 줄 알았는데 껌팔이 소년이 그렇지 않아서 놀란다.

심지어 얼마 전 지하철에선
가장 완벽하게 위장한 맹인의 바구니에
동전 몇 개 일부러 담아둔 플라스틱 바구니에
그보다 더 초라하고, 멍청해 보이는 껌팔이 소년이
힘겹게 껌 팔아 모은 천 원짜리 지폐를 넣는

진짜로 어리석은 장면을 보았다.
—「어리석은 사람」 부분

"어리석은 사람"과 "어리석은 장면"은 역설이다. 상식을 지키며 살아가는 우리가 정말은 어리석은 사람이다. 멍청한 사람이다. 아파하는 사람을 위로할 줄 모르고 소외된 사람을 도와줄 줄 모른다. 하지만 그런 사람이 되지 말자는 주장을 적나라하게 하면 시가 아닌 구호가 된다. 「가을」이나 「겨울 산」을 통해서는 자연의 이치를 우리가 배우면 아무 탈이 없음을 역설한다. 인간은 근본적으로 모순적인 존재이고, 우리 사회는 민주주의를 행하는 법치국가임에도 부조리하다. 그래서 이렇게 단도직입적으로 묻기도 한다.

그런데 희생, 이타, 이런 배반은 또
어디서 생겨나는 건가요?
스스로를 베어내 알지도 못하는 남을 살리는 이런
거역은 당신의 거대한 오류인가요?
아니면 선악, 부조리, 행복, 같은 것들처럼 이것도 실은
아무 의미도 없는 건가요?
—「하느님 전 상서」 부분

시인은 지금 몹시 혼란스럽다. 깨달은 자 붓다도 명쾌하게

설명을 해주지 않고, 우리 사회에는 지도자도 없고 스승도 없다. 자기 스스로 길을 찾으려고 하지만 쉽지 않다. 차라리 생·로·병·사 중 '生'에 기대를 걸어보기도 한다. 껌팔이 소년도 그랬지만 어두운 세상 속을 달음박질하는 아이가 구원의 등불이 될 수 있지 않을까. 이번 시집의 모든 시편 중에서 해설자가 제일 좋아하는 시다.

> 저녁 먹고 놀아라, 노을 부르는 소리
> 한 아이 붉은 감나무 향해 달려가고
>
> 저녁 먹어라, 어스름 부르는 소리
> 쭈뼛거리던 아이 말없이 가버리고
>
> 그리운, 엄마 부르는 소리에
> 서슴거리던 아이마저
> 처마, 전등불 밑으로 떠나고 나면
>
> 남는 아이,
> 빈집 불 켜러
> 어두운 세상 속 달음박질한다.
> –「남는 아이」 전문

"남는 아이"는 집에 가본들 아무도 없다. 본인이 불을 켜야 한다. 이런 단독자가 현대인의 운명이다. 그렇기 때문에 빈집에 불을 켜기 위해 "어두운 세상 속"을 "달음박질"하는 것이다. 혼자 귀가하여 집의 불을 켜던 아이가 젊은이가 된다. 취직을 해야 하는데 쉽지 않다. 「어느 두 젊은이의 대화」는 흡사 부조리 연극의 대본을 읽는 듯한 느낌을 주는데, 한 사람이 한 사람을 이해한다는 것이 얼마나 어려운 일인가를 실감 나게 보여주고 있다. 취업 준비생들이 얼마나 많은지, 노량진에만 가보아도 알 수 있다. 그들은 각자 혼잣말을 하고 있는 것이 아닐까. 이 땅에는 벽을 보고 독백을 하는 수많은 젊은이들이 있다. "낡은 나를, 새로 깔고 싶다"라는 문장으로 시작되는 「업데이트 센터Update Center」도 마찬가지로 고독한 현대인의 초상이다. '生'도 비애니 이를 어찌하면 좋은가.

시인은 제3부에서 답을 찾고 있다. 인간은 어떻게 살아야 하는가에 대한 해답을 일단 어머니의 생을 통해 찾아보고 있다. 화자의 어머니는 자식들과 식성이 반대였다고 한다. "생선은 생선 비린내를 싫어하셨고/ 특별한 날 닭이나 소고기는/ 기름기 싫어해 거의 입도 대지 않으셨던"(「어머니의 식성」) 어머니였다. 자식들 객지로 다 떠나보내고 병석에 누운 후에야 "우리 식성 어머닐 쏙 빼닮았다는 걸 알게 해주셨던" 어머니였다. 이런 이타적인, 혹은 자기희생적인 삶에 대한 찬양을 노골적으로 하지는 않지만 이제는 "어머니가 싫어하셨던 음식 먹을 때마다/ 어머니가 그립다"고 말한다. 아버지는 미안하다는 말을 한 이후론 말이 적어지더니 "환갑을 넘기신 후론/ 마치 실어증 환자처럼 어떤 대꾸도 않으시고/ 무심한 듯 아무 표정도 안 지으시고"(「아버지의 아들」) 만다. 시인의 생로병사에 대한 슬픈 인식은 아버지로부터 대물림된 것이 아닐까. 무뚝뚝한 아버지상이지만 자식에 대한 정은 사실 웅숭깊고 그윽하다.

"계산원 아줌마가 쌓아놓은 상자 뒤편을 재빠르게 다녀오더니 거뭇하지만 속 괜찮아 보이는 바나나 송이를 아무도 못 본 듯 재빠르게 넣어"(「바나나」)주는 미담도 독자에게 잔잔한 감동을 준다. "소양강 상류 깊고 외딴 민가"(「소양강 1」)의 가난한 부부도 얼마나 아름답게 사는지를 우리에게 들려주고 있다. 시집의 앞쪽에는 어두운 시편들이 다수 있었는데 뒤로 가면 갈수록 비극적인 세계관에서 벗어나고 있다. 아니, 어차피 생로병사는 만고불변의 법칙이니 어떻게 할 수 없고, 우리는 결국 서로 이해하고 위로하면서 살아가야 한다고 말하고 싶었던 것이리라. 그래서 "우리 몸뚱이들이란 얼마나 근사하고 아름다운 존재들인가"(「아름다운 존재들」) 하는 명제에 도달하게 되는 것이려니. "논에 물 들어가는 거하고 햇아 입에 밥 들어가는 거보다/ 이쁜 게 없어"(「너무 예쁜 말」)라는 친구 모친의 말을 듣고 "며칠 전 모내기를 끝낸 물 찰랑이는 푸른 논과/ 푸른 들판에서 뛰노는 아이의 모습이 겹쳐"지는 것도 같은 맥락에서 이해할 수 있다.('햇아'는 '갓난아기'의 사투리다. 이런 말은 되살려 썼으면 좋겠다.)

시인은 이와 같이 '老'과 '病'에 대한 인식에 사로잡혀 깊이 깊이 한숨을 내쉬다가 그럼 어떻게? 하면서 생명체의 온정과 생명의 약동을 살펴보게 된 것이다. 외로움에 사로잡혀 있다가는 되는 것이 없다.

외로움과 싸우면 더 외로워짐 알고 말아
외로움 벗어나는 순간 신神마저 날 버림 알고 말아

세상 돌 하나 바람 한 점까지
스스로 외로움 길러 아물 듯 지워질 때까지
사라지지 않을 외로움 알고 말아

이제 그만 자려고 음악을 끄듯이
지워지는 것이다, 외로움이란.
―「외로움」 후반부

외로움이란 불가항력적인 것이다. 돈이 많다고 하여, 권력이 있다고 하여 외롭지 말란 법이 없다. 그런 사람일수록 더 외로운 법이다. "언제나 같이 있어주는 친구가 있다는 것./ 언제나 나를 믿어주는 아내가 있다는 것"이야말로 외로움을 이겨내게 하는 원동력이다. 어차피 "서글퍼서 더 아름다운 세상"(「화병이 깨지던 이른 아침의 이미지」)에서 우리는 "시린 아침마다 문틈으로 들어오는 외로움"을 떨쳐버릴 수 없다. 외로움을 극복하게 하는 것은 그리움이다. 사람에 대한, 피붙이에 대한, 추억에 대한, 고향에 대한…….

> 떠나는 기차를 짧은 깨달음이라 하자.
> 팬지꽃, 막차, 끝말잇기, 이런 말은 긴 그리운 말이다.
> 남겨진 적막 속을 끝도 없이 쫓아가는 철길
> 지금쯤 알 수 없는 너의 역에 다가가고 있겠지.
> 터널을 지나 들판 가로질러 너의 황혼을 달려가고 있겠지.
> 저물녘 코스모스 그림자보다 짙은
> 기차역은 그리움이다.
> ―「기차역」 중반부

그리움의 대상이 있으면 덜 외로운 법이다. '기차역' 하면 얼마나 많은 것이 떠오르는가. 기차역은 "기다림"이고 "그리움"이고 "사라져가는 추억"이라고 했다. 이런 것을 가지고 있으면 덜 외로울 것이다. 사무치는 그리움은 "뛰는 심장, 마저 멎어/ 베갯머리 들려오는 발자국 소리/ 멎을 때까지, 늦은 귀가인 양 이름 부르며/ 안아보고픈/ 빈 요동 멎을 때까지"(「그리움」) 계속된다. 우리는 무엇인가를 그리워하면서 살아야 한다. 그래야 한다고 시인은 말한다.

불가에서는 말했다. 인생은 고해라고. 고통의 바다에서 사람 각자는 일엽편주에 지나지 않는다. 풍랑이 일면 좌초하고 해일이 일면 침몰한다. 천상천하에 유아독존인 것이다. 이런 절대 고독 속에서 늙고 병들고 죽는 것이 정해진 운명이라고 할지라도 우리는 부부지간에, 형제간에, 부모 자식 간에, 친구 간에, 동료 간에 서로 정을 주고받으며 살아가면 된다. 그리워할 것이 있으면 고독을 떨쳐버릴 수 있다. 김병선 시인이 첫 시집에서 하고 싶은 이야기는 대략 이런 것이 아니었을까. 너무 긴 시, 산문조의 딱딱한 시는 지양하고 극복하면서 나날이 일취월장하기를 바란다.